오십에 쓰는

논어 論語

작가소개,

한치선(타타오)

30여 년간 붓과 펜을 벗 삼아 문자(한자, 한글)와 더불어 살았으며, 지금은 유튜브 서예 채널 〈타타오 캘리아트〉와 〈타타오 서재〉, 깐징월드 인문학 채널 〈타타오 뜨락〉을 운영하며, 온·오프라인을 통해 활발히 활동 중입니다.

EBS 평생학교 〈한치선의 난생처음 붓글씨 쓰기〉, 클래스101 〈오늘부터 예쁘고 품격 있는 손글씨〉, 유튜브 채널 〈타타오 캘리아트〉의 멤버십 〈유튜브 서예학원〉을 통해 온라인 강의도 진행하고 있습니다.

《경기도 서예대전》 운영위원을 역임했으며, 《추사 김정희선생 추모 전국휘호대회》 심사 등 다수의 서예대전에서 심사위원으로 참여하였습니다.

지은 책으로는 「오십에 쓰는 채근담」, 「오십에 쓰는 천자문」, 「당신의 품격을 올려 주는 손글씨」, 「가장 쉬운 독학 타타오의 서예 첫걸음」 등이 있습니다.

논어 (論語) 는,

고전을 이야기할 때 사서삼경(四書三經)을 말하게 되며, 그중에서도 논어가 가장 먼저 자리합니다. 논어는 공자와 제자들의 어록을 엮은 것입니다. 논어는 동양 정신의 핵심으로, 오상(伍常-인의예지신)의 근본인 인(仁) 사상을 중심으로 하고 있습니다. 더불어 사는 세상 속에서 조화를 이루고, 기본적인 인성을 갖추고자 함이 바로 유교이고, 유학입니다. 이 시대에도 맞는 논어의 역할이 아닐까 생각됩니다.

유학의 태두(泰斗)가 공자인데, 그는 삶을 어떻게 살 것인가를 논했을 뿐 사후의 세계는 자신도 모른다고 말한 바 있습니다. 그의 한마디 한마디를 음미해 보면 그가 얼마나 삶의 매 순간을 진지하고 올곧게 살고자 노력했는지 느껴집니다. 그것을 실감하게 되면 절로 옷깃을 여미고 자세를 바로 하게 됩니다.

세월이 흐르면서 만들어진 논어인 만큼 그 안에서 그 정수를 추리고 엄선하는 과정은 중요합니다. 공자가 말하기를(曰), 등의 어구는 생략하고 내용의 본체만 보시고 쓸 수 있도록 간소화했습니다. 그리고 지금 시대에 맞지 않는 내용 등은 제했습니다. 그래서 길지 않고, 내 삶의 등불이 되어줄 만한 논어의 정수만 빼곡히 담았다고 할 수 있습니다. 고전 한자의 쓰임새가 지금 시대에는 해석하기 어려운 것이 많습니다. 그래서 여러분이 충분히 알고, 느끼고, 숙고할 수 있도록 해석에 공을 들였습니다.

필사를 위한 준비,

이 책의 체본은 붓펜으로 썼습니다. 많은 필기구 중에서 붓펜을 고른 이유는 힘의 가감이나 압력을 가장 예민하게 보여줄 수 있는 서사 도구이기 때문입니다. 하지만 그만큼 초심자분들이 컨트롤하기 어려운 점도 있습니다. 독자께서는 굳이 붓펜이 아니더라도 자신에게 잘 맞고 휴대성과 접근성이 편리한 중성펜 등으로 필사하시길 추천해 드립니다.

필사는 기법만이 아니라 심법(心法)도 아주 중요합니다. 문자(文字)란 생명과 사상을 담은 그릇이고, 그렇기에 필사하는 행위 자체가 하나의 인성수양(人性修養)이며 도야(陶冶)라고 할 수 있습니다.

책 활용법,

이 책은 한자 필순이나 기본획 쓰는 방법을 설명하고 있어 별도로 서예를 배우지 않은 사람도 기본적인 한자 쓰기가 가능합니다. 문장 따라 쓰기에서는 인문학자이자 서예가인 작가가 정리한 문장을 읽으며 의미를 되새기고 따라 쓰며 그 운치를 헤아릴 수 있도록 하였습니다.

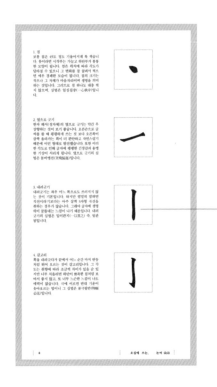

필사를 위한 도구와 마음 자세, 10여 가지의 한자 필순 원칙을 익힐 수 있습니다. 한자를 쓸 때 이 부분만 염두에 둬도 기본적인 한자 쓰기가 훨씬 안정될 것입니다.

서예에서 가장 중요한 쓰기 방법인 '영자팔법(永字八法)'과 기본획을 쓰는 방법에 관해 설명합니다. 한자를 구성하는 기본획의 필법을 익히면, 한자 쓰기의 기본기가 갖춰져 아름다운 한자 쓰기가 가능합니다.

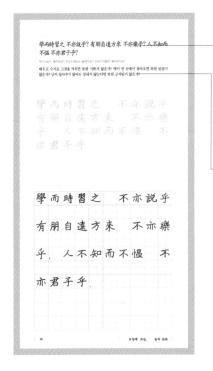

삶의 등불이 되어줄 만한 논어의 정수를 빼곡히 담고 내용의 본체만 보고 쓸 수 있도록 하였습니다.

논어의 정수만을 추리고 독자께서 충분히 알고, 느끼고, 숙고할 수 있도록 해석에 공을 들였습니다.

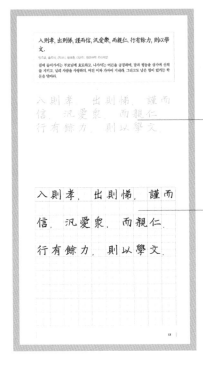

인쇄용 서체가 아닌 작가가 직접 쓴 해서체 체본 위에 따라 쓰며 작가의 심법을 더욱 세밀하게 배울 수 있도록 하였습니다.

다시 한번 작가의 서체를 세밀하게 관찰한 후 자신만의 한자 쓰기를 할 수 있도록 했습니다. 작가의 수려한 글씨체를 본받아 논어의 좋은 문구를 써보세요.

논어는 동양 정신의 핵심으로, 오상(伍常-인의예지신)의 근본인 인(仁) 사상을 중심으로 하고 있습니다. 더불어 사는 세상 속에서 조화를 이루고, 기본적인 인성을 갖추고자 함이 바로 유학입니다. 이 시대에도 맞는 논어의 역할이 아닐까 생각됩니다.

한자 필순의 원칙,

한자에서 필순은 무척 중요합니다. 그렇지만 너무 경직되어 틀에만 얽매일 필요는 없습니다. 기본적인 이치와 원리를 이해하면 큰 틀은 자연스럽게 손에 익을 것입니다. 다음 기본 원칙을 이해하고 적용해 봅시다.

1. 위에서 아래로 씁니다. 물이 위에서 아래로 흐르는 이치입니다.

2. 왼쪽에서 오른쪽으로 씁니다. 왼쪽이 안이고 오른쪽이 바깥이니, 안에서 밖으로 향함이 순서입니다.

3. 가로획과 세로획이 겹칠 때는 가로획을 먼저 씁니다. 가로가 음(陰)이고 세로가 양(陽)이니, 음양의 순서입니다.

4. 좌우 대칭을 이루는 글자는 가운데 획을 먼저 쓰고, 좌우의 순서로 씁니다. 기준 획을 먼저 써야 균형을 맞추기 편리하기 때문입니다.

5. 글자 전체를 세로로 꿰뚫는 획은 맨 마지막에 씁니다(예: 中(가운데 중). 일관(一貫)하는 의미가 있기 때문입니다).

7. 삐침과 파임이 만날 때는 삐침을 먼저 씁니다. 삐침이 음(陰), 파임이 양(陽)입니다.

8. 몸(한자에서 글자의 바깥 부분을 에워싸고 있는 부수 '國', '匹'에서 '囗', '匚' 따위)과 안으로 된 글자는 몸을 먼저 씁니다. 그래야 크기를 정하기 쉽기 때문입니다. 집을 지어 두고 식구들이 들어가는 것과 같은 이치입니다.

9. 오른쪽 위의 '점'과 안의 '점'은 맨 마지막에 찍습니다. 이때 점은 마침표와 같은 기분입니다.

10. 받침 중 '走', '是'는 먼저 씁니다. 그것이 의미부(글씨에서 의미를 나타내는 부분)이기 때문입니다.

11. 받침 중 '辶', '辶'은 맨 마지막에 씁니다. 이것 또한 의미부이나, 간단하게 만들었기 때문에 마지막에 써서 글자를 받쳐줍니다.

영자팔법(永字八法),

서예에서 중요한 이론 중에 '영자팔법(永字八法)'이 있습니다. '永(길영)'이라는 한 글자 속에는 한자의 거의 모든 기본획이 포함되어 있습니다. 그래서 서예의 기초 단계에서 이 글자로 연습하곤 합니다. 서예뿐만 아니라 펜글씨에서도 그 활용도는 동일하다고 생각이 됩니다. 현대에 와서는 '영자팔법'의 깊은 뜻이 상실되었으나 본서에서는 그 심법과 함께 되살려 보겠습니다.

1. 점
보통 점은 45도 정도 기울어지게 툭 찍습니다. 붓이라면 시작부는 가늘고 하단부가 통통한 모양이 됩니다. 점은 위치에 따라 각도가 달라질 수 있으니 그 변화를 잘 살펴서 찍으면 매우 경쾌한 모습이 됩니다. 점의 크기는 작으나 그 자체가 마음자리이며 생명을 의미하는 것입니다. 그러므로 점 하나도 대충 찍지 않으며, 심법은 일심집중(一心執中)입니다.

2. 옆으로 긋기
한자 해서(정자체)의 옆으로 긋기는 약간 우상향하는 것이 보기 좋습니다. 오른손으로 글씨를 쓸 때 평평하게 쓰는 것 보다 오른쪽이 살짝 올라가는 획이 더 편안하고 자연스럽기 때문에 이런 형태로 발전했습니다. 또한 이러한 각도로 인해 글자에 팽팽한 긴장감과 용맹한 기상이 서리게 됩니다. 옆으로 긋기의 심법은 돌비맹진(突飛猛進)입니다.

3. 내려긋기
내려긋기는 좌우 어느 쪽으로도 쓰러지지 않는 것이 기본입니다. 하지만 엄밀히 말하면 직선이라기보다는 아주 살짝 S자형 곡선을 취하는 경우가 많습니다. 그래야 글자에 생명력이 꿈틀대는 느낌이 나기 때문입니다. 내려긋기의 심법은 일이관지(一以貫之) 즉, 일관됨입니다.

4. 갈고리
획을 내려긋다가 끝에서 어느 순간 마치 반동처럼 튀어 오르는 것이 갈고리입니다. 그 각도는 취향에 따라 조금씩 차이가 있을 순 있지만 너무 치올리면 하단이 뾰족한 침처럼 보여서 좋지 않고, 또 너무 느슨한 느낌이 나도 매력이 없습니다. 극에 이르면 반대 기운이 솟아오르는 법이니 그 심법은 물극필반(物極必返)입니다.

오십에 쓰는, 논어 論語

5. 삐쳐 올림

시작부는 쿡 찍어주고 위로 짧게 뽑아 올리는 획입니다. 삼수변(氵)의 세 번째 획과 같은 경우입니다. 삐쳐 올리는 각도는 다음 획이 시작하는 지점을 향하는데, 이러한 율동성을 필세(筆勢)라고 합니다. 이것은 물이 흐르는 듯한 흐름이므로 심법은 행운유수(行雲流水)입니다.

6. 삐침

한자에서 삐침이라는 획은 매우 중요합니다. 시작부에서 왼쪽 하단을 향해 내려오며 끝은 딱 맺지 않고 시원하게 뽑아줍니다. 삐침은 원래 '비침'에서 유래한 말로 태양 빛이 비치는 형상과 닮았습니다. 그러므로 날카로운 칼처럼 뽑는 것이 아닌, 온유하면서도 멀리 뻗어 나가는 획을 그어야 합니다. 심법은 기러기가 비스듬히 모래펄 위로 내려앉는 형국인 평사낙안(平沙落雁)입니다.

7. 쪼음

쪼음은 상단에서 쿡 찍어서 짧고 야무지게 뽑아 내리는 획입니다. 보통 이 획이 나오면 다음 순서로 크고 웅장한 획이 나오게 됩니다. 그래서 욕심을 버리고 큰일을 위해 준비를 한다는 마음으로 써야 합니다. 심법은 과유불급(過猶不及)입니다.

8. 파임

파임은 한자의 꽃이라고 할 만큼 웅장하고 아름다운 획입니다. 시작은 우측 하단을 향해 가늘게 내려오다가 최대한 필압(글 쓸 때 누르는 정도)을 주어 굵게 눌러주고, 다시 가늘게 살짝 우측으로 뽑으며 마무리합니다. 이처럼 장중한 획을 펼칠 때의 심법은 건곤일척(乾坤一擲)입니다.

學而時習之 不亦說乎? 有朋自遠方來 不亦樂乎? 人不知而
不慍 不亦君子乎?

학이시습지 불역열호? 유붕자원방래 불역락호? 인부지이불온 불역군자호?

배우고 수시로 그것을 익히면 또한 기쁘지 않은가? 벗이 먼 곳에서 찾아오면 또한 즐겁지
않은가? 남이 알아주지 않아도 성내지 않는다면 또한 군자답지 않은가?

學而時習之　不亦說乎
有朋自遠方來　不亦樂
乎,　人不知而不慍　不
亦君子乎.

學而時習之　不亦說乎

有朋自遠方來　不亦樂

乎,　人不知而不慍　不

亦君子乎.

巧言令色, 鮮矣仁.

교언영색, 선의인.

말을 교묘하게 하고 얼굴빛을 곱게 꾸미는 사람들 중에는 어진 이가 드물다.

巧言令色, 鮮矣仁.

巧言令色, 鮮矣仁.

巧言令色, 鮮矣仁.

巧言令色, 鮮矣仁.

巧言令色, 鮮矣仁.

말을 교묘하게 하고 얼굴빛을 곱게 꾸미는 사람들 중에는 어진 이가 드물다.

吾日三省吾身, 爲人謀而不忠乎. 與朋友交而不信乎? 傳不習乎.

오일삼성오신, 위인모이불충호. 여붕우교이불신호? 전불습호.

나는 날마다 세 가지 점에 대해 나 자신을 반성한다. 남을 위하여 일을 꾀하면서 진심을 다하지 못한 점은 없는가? 벗과 사귀면서 신의를 지키지 못한 일은 없는가? 배운 것을 제대로 익히지 못한 것은 없는가?

吾日三省吾身, 爲人謀
而不忠乎, 與朋友交而
不信乎, 傳不習乎.

吾日三省吾身, 爲人謀

而不忠乎, 與朋友交而

不信乎, 傳不習乎.

오십에 쓰는, 논어 論語

入則孝, 出則悌, 謹而信, 汎愛衆, 而親仁. 行有餘力, 則以學
文.

입즉효, 출즉제, 근이신, 범애중, 이친인. 행유여력 즉이학문

집에 들어가서는 부모님께 효도하고, 나가서는 어른을 공경하며, 말과 행동을 삼가며 신의
를 지키고, 널리 사람을 사랑하되, 어진 이와 가까이 지내라. 그리고도 남은 힘이 있거든 학
문을 닦아라.

入則孝, 出則悌, 謹而
信, 汎愛衆, 而親仁.
行有餘力, 則以學文.

入則孝, 出則悌, 謹而
信, 汎愛衆, 而親仁.
行有餘力, 則以學文.

君子不重 則不威, 學則不固. 主忠信 無友不如己者, 過則勿憚改.

군자불중 즉불위, 학즉불고, 주충신 무우불여기자, 과즉물탄개.

군자가 신중하지 않으면 위엄이 없으며, 배워도 견고하지 않게 된다. 충실과 신의를 중시하고 자기보다 못한 자를 벗으로 사귀지 말며, 잘못이 있으면 고치기를 꺼리지 말아야 한다.

君子不重　則不威,　學
則不固.　主忠信　無友
不如己者,　過則勿憚改.

君子不重　則不威,　學

則不固.　主忠信　無友

不如己者,　過則勿憚改.

君子食無求飽, 居無求安. 敏於事而愼於言, 就有道而正焉.
可謂好學也已.

군자식무구포, 거무구안, 민어사이신어언, 취유도이정언, 가위호학야이.

군자는 먹는 것에 대해 배부름을 추구하지 않고, 거처하는 데 편안함을 추구하지 않는다.
또한 일하는 데 민첩하고 말하는 데는 신중하며, 도를 알아 자신을 바르게 한다. 이러하면
배우기를 좋아한다고 할 만하다.

君子食無求飽, 居無求
安. 敏於事而愼於言,
就有道而正焉. 可謂好
學也已.

君子食無求飽, 居無求

安. 敏於事而愼於言,

就有道而正焉. 可謂好

學也已.

不患人之不己知, 患不知人也.

불환인지불기지, 환부지인야.

남이 자신을 알아주지 못할까 걱정하지 말고, 내가 남을 제대로 알지 못함을 걱정해야 한다.

不患人之不己知, 患不
知人也.

不患人之不己知, 患不
知人也.

不患人之不己知, 患不
知人也.

不患人之不己知, 患不
知人也.

詩三百 一言以蔽之, 曰 思無邪.

시삼백 일언이폐지, 왈 '사무사'.

『시경』에 있는 삼백 편의 시를 한마디로 이야기하자면 '생각에 삿됨이 없다.'는 것이다.

詩三百　一言以蔽之,
曰　　思無邪.

詩三百　一言以蔽之,
曰　　思無邪.

詩	三	百		一	言	以	蔽	之	,
曰		思	無	邪	.				
詩	三	百		一	言	以	蔽	之	,
曰		思	無	邪	.				

시삼백 일언이폐지, 왈 '사무사'.

『시경』에 있는 삼백 편의 시를 한마디로 이야기하자면 '생각에 삿됨이 없다.'는 것이다.

吾十有五而志于學, 三十而立, 四十而不惑, 五十而知天命,
六十而耳順, 七十而從心所欲不踰矩.

오십유오이지우학, 삼십이립, 사십이불혹, 오십이지천명, 육십이이순, 칠십이종심소욕불유구.

나는 열다섯 살에 학문에 뜻을 두었고, 서른 살에 세계관을 확립하였으며, 마흔 살에는 미혹됨이 없게 되었고, 쉰 살에는 하늘의 뜻을 알게 되었으며, 예순 살에는 무슨 일이든 듣는 대로 순조롭게 이해했고, 일흔 살에는 마음 가는 대로 해도 법도에 어긋나지 않았다.

吾 十 有 五 而 志 于 學 , 三
十 而 立 , 四 十 而 不 惑 ,
五 十 而 知 天 命 , 六 十 而
耳 順 , 七 十 而 從 心 所 欲
不 踰 矩 .

吾 十 有 五 而 志 于 學 , 三

十 而 立 , 四 十 而 不 惑 ,

五 十 而 知 天 命 , 六 十 而

耳 順 , 七 十 而 從 心 所 欲

不 踰 矩 .

오십에 쓰는, 논어 論語

今之孝者 是謂能養. 至於犬馬 皆能有養, 不敬 何以別乎?

금지효자 시위능양. 지어견마 개능유양, 불경 하이별호?

요즘의 효라는 것은 부모를 물질적으로 봉양할 수 있는 것을 말한다. 그러나 개나 말조차도 모두 먹여 살리기는 하는 것이니, 공경하지 않는다면 짐승과 무엇으로 구별하겠는가?

今之孝者　是謂能養.
至於犬馬　皆能有養,
不敬　何以別乎.

今之孝者　是謂能養.

至於犬馬　皆能有養,

不敬　何以別乎.

吾與回言終日 不違如愚. 退而省其私, 亦足以發. 回也不愚.

오여회언종일 불위여우. 퇴이성기사, 역족이발. 회야불우.

내가 안회와 함께 하루 종일 이야기를 해도 그는 어리석은 사람처럼 아무런 문제제기도 하지 않는다. 그런데 그가 생활하는 것을 보면 그 내용을 충분히 실천한다. 안회는 어리석은 것이 아니다.

吾與回言終日　不違如
愚．退而省其私，亦足
以發．回也不愚．

吾與回言終日　不違如
愚．退而省其私，亦足
以發．回也不愚．

溫故而知新, 可以爲師矣.

온고이지신, 가이위사의.

옛 것을 익히고 새로운 것을 알면, 스승이 될 만하다.

溫 故 而 知 新, 可 以 爲 師 矣.

溫 故 而 知 新, 可 以 爲 師 矣.

溫 故 而 知 新, 可 以 爲 師 矣.

溫 故 而 知 新, 可 以 爲 師 矣.

온고이지신, 가이위사의.

옛 것을 익히고 새로운 것을 알면, 스승이 될 만하다.

君子不器.

군자불기.

군자는 그릇처럼 한 가지 기능에만 한정된 사람이 아니다.

오십에 쓰는,　　논어 論語

先行其言, 而後從之.

선행기언, 이후종지.

군자란 말보다 앞서 행동하고, 그에 따라 말을 한다.

先行其言, 而後從之.

先行其言, 而後從之.

先行其言, 而後從之.

先行其言, 而後從之.

先行其言, 而後從之.

선행기언, 이후종지.

君子周而不比, 小人比而不周.

군자주이불비, 소인비이부주.

군자는 여러 사람들과 조화를 이루면서도 당파를 만들지는 않고, 소인은 당파를 형성하여 여러 사람들과 조화를 이루지 못한다.

君子周而不比, 小人比
而不周.

君子周而不比, 小人比
而不周.

君子周而不比, 小人比

而不周.

君子周而不比, 小人比

而不周.

군자주이불비, 소인비이부주.

學而不思則罔, 思而不學則殆.

학이불사즉망, 사이불학즉태.

배우기만 하고 생각하지 않으면 막연하여 얻는 것이 없고, 생각만 하고 배우지 않으면 위태로워지는 법이다.

學而不思則罔, 思而不
學則殆.

學而不思則罔, 思而不
學則殆.

學而不思則罔, 思而不

學則殆.

學而不思則罔, 思而不

學則殆.

知之爲知之 不知爲不知, 是知也.

지지위지지 부지위부지, 시지야.

아는 것을 안다고 하고 모르는 것을 모른다고 하는 것, 이것이 아는 것이다.

오십에 쓰는, 논어 論語

知之爲知之　不知爲不
知, 是知也.

知之爲知之　不知爲不
知, 是知也.

知之爲知之　不知爲不
知, 是知也.

知之爲知之　不知爲不
知, 是知也.

지지위지지 부지위부지, 시지야.

아는 것을 안다고 하고 모르는 것을 모른다고 하는 것, 이것이 아는 것이다.

多聞闕疑 愼言其餘 則寡尤. 多見闕殆 愼行其餘 則寡悔. 言寡尤 行寡悔 祿在其中矣.

다문궐의 신언기여 즉과우. 다견궐태 신행기여 즉과회. 언과우 행과회 녹재기중의.

많은 것을 듣되 의심스러운 부분은 빼놓고 그 나머지를 조심스럽게 말하면 허물이 적다. 또한 많은 것을 보되 위태로운 것을 빼놓고 그 나머지를 조심스럽게 행하면 후회하는 일이 적을 것이다. 말에 허물이 적고, 행동에 후회가 적으면 출세는 자연히 이루어진다.

多聞闕疑 愼言其餘
則寡尤. 多見闕殆 愼
行其餘 則寡悔. 言寡
尤 行寡悔 祿在其中
矣.

多聞闕疑 愼言其餘

則寡尤. 多見闕殆 愼

行其餘 則寡悔. 言寡

尤 行寡悔 祿在其中

矣.

成事不說, 遂事不諫, 既往不咎.

성사불설, 수사불간, 기왕불구.

이루어진 일은 논란하지 말고, 끝난 일은 따지지 말며, 이미 지나간 일은 탓하지 않아야 한다.

成事不說, 遂事不諫,
既往不咎.

成事不說, 遂事不諫,
既往不咎.

成事不說, 遂事不諫,

既往不咎.

成事不說, 遂事不諫,

既往不咎.

唯仁者能好人, 能惡人.

유인자능호인, 능오인.

오직 어진 사람만이 남을 좋아할 수도 있고, 남을 미워할 수도 있다.

*어진 마음의 상태에서만이 담담하게 시비를 분별할 수 있다는 뜻

唯仁者能好人, 能惡人.

唯仁者能好人, 能惡人.

唯仁者能好人, 能惡人.

唯仁者能好人, 能惡人.

唯仁者能好人, 能惡人.

유인자능호인, 능오인.

오직 어진 사람만이 남을 좋아할 수도 있고, 남을 미워할 수도 있다.

苟志於仁矣 無惡也.

구지어진의 무악야.

진실로 어짊에 뜻을 두면 악한 일은 하지 않을 것이다.

오십에 쓰는, 논어 論語

苟 志 於 仁 矣 　 無 惡 也.

苟 志 於 仁 矣 　 無 惡 也.

苟 志 於 仁 矣 　 無 惡 也.

苟 志 於 仁 矣 　 無 惡 也.

苟 志 於 仁 矣 　 無 惡 也.

朝聞道, 夕死可矣.

조문도, 석사가의.

아침에 도(道)를 들어 알게 된다면, 저녁에 죽어도 좋다.

朝聞道, 夕死可矣.

朝聞道, 夕死可矣.

朝聞道, 夕死可矣.

朝聞道, 夕死可矣.

朝聞道, 夕死可矣.

君子懷德小人懷土, 君子懷刑小人懷惠.

군자회덕 소인회토, 군자회형 소인회혜.

군자는 덕을 생각하지만 소인은 편히 머물 곳을 생각하고, 군자는 법을 생각하지만 소인은 혜택 받기를 생각한다.

君子懷德　小人懷土,
君子懷刑　小人懷惠.

君子懷德　小人懷土,
君子懷刑　小人懷惠.

君子懷德　小人懷土,

君子懷刑　小人懷惠.

君子懷德　小人懷土,

君子懷刑　小人懷惠.

放於利而行 多怨.

방어리이행 다원.

이익에 따라서 행동하면 원한을 사는 일이 많아진다.

放於利而行　多怨.

放於利而行　多怨.

放於利而行　多怨.

放於利而行　多怨.

放於利而行　多怨.

不患無位, 患所以立. 不患莫己知, 求爲可知也.

불환무위, 환소이립. 불환막기지, 구위가지야.

지위가 없음을 걱정하지 말고, 그 자리에 설 수 있는 능력을 갖추기에 마음 써야 한다. 자기를 알아주지 않는 것을 걱정하지 말고, 남이 알아줄 만하게 되도록 노력해야 한다.

不患無位, 患所以立.
不患莫己知, 求爲可知
也.

不患無位, 患所以立.

不患莫己知, 求爲可知

也.

吾道一以貫之.

오도일이관지.

나는 하나의 이치로 모든 것을 꿰뚫고 살아왔다.

吾道 一 以 貫 之.

吾道 一 以 貫 之.

吾道 一 以 貫 之.

吾道 一 以 貫 之.

吾道 一 以 貫 之.

君子喩於義, 小人喩於利.

군자유어의, 소인유어리.

군자는 올바름에 기뻐하고, 소인은 이익에 기뻐한다.

오십에 쓰는, 논어 論語

君子喩於義, 小人喩於

利.

君子喩於義, 小人喩於

利.

君子喩於義, 小人喩於

利.

君子喩於義, 小人喩於

利.

군자유어의, 소인유어리.

見賢思齊焉, 見不賢而內自省也.

견현사제언, 견불현이내자성야.

어진 이를 보면 그와 같아질 것을 생각하고, 어질지 못한 이를 보면 자신 또한 그렇지 않은 지 반성해 보라.

見賢思齊焉, 見不賢而
內自省也.

見賢思齊焉, 見不賢而
內自省也.

見賢思齊焉, 見不賢而

內自省也.

見賢思齊焉, 見不賢而

內自省也.

古者言之不出. 恥躬之不逮也.

고자언지불출. 치궁지불체야.

옛 사람들은 말을 함부로 하지 않았다. 이는 행동이 따르지 못할 것을 부끄러워했기 때문이다.

古者言之不出. 恥躬之
不逮也.

古者言之不出. 恥躬之
不逮也.

古者言之不出. 恥躬之

不逮也.

古者言之不出. 恥躬之

不逮也.

以約失之者鮮矣.

이약실지자선의.

절제 있는 생활을 하면서 잘못되는 경우는 드물다.

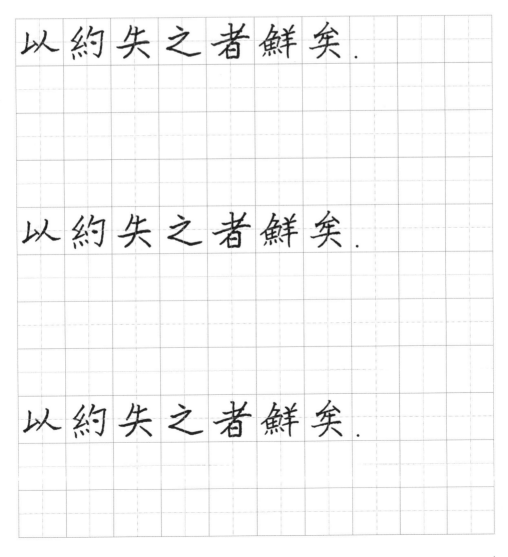

以約失之者鮮矣.

以約失之者鮮矣.

以約失之者鮮矣.

以約失之者鮮矣.

절제 있는 생활을 하면서 잘못되는 경우는 드물다.

君子欲訥於言, 而敏於行.

군자욕눌어언, 이민어행.

군자는 말에 대해서는 모자라는 듯이 하려 하고, 행동에 대해서는 민첩하려 한다.

오십에 쓰는, 논어 論語

君子欲訥於言, 而敏於

行.

君子欲訥於言, 而敏於

行.

君子欲訥於言, 而敏於

行.

君子欲訥於言, 而敏於

行.

德不孤, 必有鄰.

덕불고, 필유린.

덕(德)이 있는 사람은 외롭지 않나니, 반드시 이웃이 있게 마련이다.

德不孤, 必有鄰.

德不孤, 必有鄰.

德不孤, 必有鄰.

德不孤, 必有鄰.

德不孤, 必有鄰.

敏而好學, 不恥下問.

민이호학, 불치하문.

영민하면서도 배우기를 좋아하고, 아랫사람에게 묻는 것을 부끄러워하지 않아야한다.

敏而好學, 不恥下問.

敏而好學, 不恥下問.

敏而好學, 不恥下問.

敏而好學, 不恥下問.

敏而好學, 不恥下問.

老者安之, 朋友信之, 少者懷之.

노자안지, 붕우신지, 소자회지.

노인들은 편안하게 해주고, 벗들은 신의를 갖도록 하며, 젊은이들은 감싸 보살펴 주어라.

老者安之, 朋友信之,
少者懷之.

老者安之, 朋友信之,
少者懷之.

老者安之, 朋友信之,

少者懷之.

老者安之, 朋友信之,

少者懷之.

노자안지, 붕우신지, 소자회지.

노인들은 편안하게 해주고, 벗들은 신의를 갖도록 하며, 젊은이들은 감싸 보살펴 주어라.

吾未見能見其過而内自訟者也.

오미견능견기과 이내자송자야.

나(공자)는 아직 자기의 허물을 보고서 마음속으로 반성하는 사람을 보지 못했다.

吾未見能見其過　而内
自訟者也.

吾未見能見其過　而内
自訟者也.

吾未見能見其過　而内

自訟者也.

吾未見能見其過　而内

自訟者也.

吾未見能見其過而内自訟者也.

好學 不遷怒, 不貳過.

호학 불천노, 불이과.

배우기를 좋아함으로써 쉽게 화내지 않게 되며, 같은 잘못을 두 번 저지르지 않아야 한다.

好學　不遷怒，　不貳過.

好學　不遷怒，　不貳過.

好學　不遷怒，　不貳過.

好學　不遷怒，　不貳過.

好學　不遷怒，　不貳過.

호학 불천노, 불이과.

一簞食一瓢飲 在陋巷人不堪其憂, 回也不改其樂. 賢哉, 回也.

일단식 일표음 재루항 인불감기우, 회야불개기락. 현재, 회야.

한 그릇의 밥과 한 표주박의 물을 가지고 누추한 거리에 살고 있으니 보통 사람이라면 근심을 견뎌내지 못하겠지만, 회는 그 즐거움이 변치 않는구나. 어질도다, 회여!
*회(안회): 공자가 가장 아끼던 모범적인 제자

一簞食 一瓢飲 在陋
巷 人不堪其憂, 回也
不改其樂. 賢哉, 回也.

一簞食 一瓢飲 在陋
巷 人不堪其憂, 回也
不改其樂. 賢哉, 回也.

質勝文則野, 文勝質則史. 文質彬彬 然後君子.

질승문즉야, 문승질즉사. 문질빈빈 연후군자.

바탕이 겉모습을 넘어서면 촌스럽고, 겉모습이 바탕을 넘어서면 형식적이게 된다. 겉모습과 바탕이 잘 어우러져야 군자다운 것이다.

質勝文則野, 文勝質則
史. 文質彬彬 然後君
子.

質	勝	文	則	野	,	文	勝	質	則
史	.	文	質	彬	彬		然	後	君
子	.								

知之者 不如好之者, 好之者 不如樂之者.

지지자 불여호지자, 호지자 불여낙지자.

무언가를 안다는 것은 그것을 좋아하는 것만 못하고, 좋아하는 것은 즐기는 것만 못하다.

오십에 쓰는, 논어 論語

知之者　不如好之者,
好之者　不如樂之者.

知之者　不如好之者,
好之者　不如樂之者.

知之者　不如好之者,

好之者　不如樂之者.

知之者　不如好之者,

好之者　不如樂之者.

지지자 불여호지자, 호지자 불여낙지자.

무언가를 안다는 것은 그것을 좋아하는 것만 못하고, 좋아하는 것은 즐기는 것만 못하다.

仁者先難而後獲, 可謂仁矣.

인자선난이후획, 가위인의.

어진 사람은 어려운 일에 먼저 나서고 이익을 챙기는 데는 남보다 뒤쳐지는데, 이렇게 한다면 어질다고 할 수 있다.

仁者先難而後獲, 可謂
仁矣.

仁者先難而後獲, 可謂
仁矣.

仁者先難而後獲, 可謂

仁矣.

仁者先難而後獲, 可謂

仁矣.

인자선난이후획, 가위인의.

知者樂水 仁者樂山. 知者動 仁者靜. 知者樂 仁者壽.

지자요수 인자요산. 지자동 인자정. 지자락 인자수.

지혜로운 사람은 물을 좋아하고 어진 사람은 산을 좋아한다. 지혜로운 사람은 동적이고 어진 사람은 정적이며, 지혜로운 사람은 즐겁게 살고 어진 사람은 장수한다.

論語 論語

知者樂水　仁者樂山.
知者動　仁者靜.　知者
樂　仁者壽.

知者樂水　仁者樂山.

知者動　仁者靜.　知者

樂　仁者壽.

黙而識之, 學而不厭, 誨人不倦, 何有於我哉.

묵이식지, 학이불염, 회인불권, 하유어아재.

묵묵히 마음속에 새겨 두고, 배움에 싫증내지 않으며, 남 가르치기를 게을리하지 않는 것,
이 셋 중 어느 하나인들 내가 제대로 하는 것이 있겠는가?
*그것을 제대로 해야함을 스스로 반성하는 문구

黙而識之, 學而不厭,
誨人不倦, 何有於我哉.

黙而識之, 學而不厭,
誨人不倦, 何有於我哉.

黙而識之, 學而不厭,
誨人不倦, 何有於我哉.

黙而識之, 學而不厭,
誨人不倦, 何有於我哉.

志於道, 據於德, 依於仁, 遊於藝.

지어도, 거어덕, 의어인, 유어예.

도(道)에 뜻을 두고, 덕(德)에 근거하며, 인(仁)에 의지하고, 예(藝)에서 노닌다.

志於道, 據於德, 依於
仁, 遊於藝.

志於道, 據於德, 依於
仁, 遊於藝.

志於道, 據於德, 依於

仁, 遊於藝.

志於道, 據於德, 依於

仁, 遊於藝.

德之不脩, 學之不講, 聞義不能徙, 不善不能改, 是吾憂也.

덕지불수, 학지불강, 문의불능사, 불선불능개, 시오우야.

덕을 수련하지 못하고, 배움이 강구되지 아니하고, 의로움을 알고도 옮기지 않고, 선하지
않은 부분을 고치지 못하는 것, 이것이 나의 근심하는 바이다.

德之不脩, 學而不講,
聞義不能徙, 不善不能
改, 是吾憂也.

德之不脩, 學而不講,

聞義不能徙, 不善不能

改, 是吾憂也.

飯疏食飲水, 曲肱而枕之, 樂亦在其中矣. 不義而富且貴 於
我如浮雲.

반소사(=식)음수, 곡굉이침지, 낙역재기중의, 불의이부차귀 어아여부운.

거친 밥을 먹고 물을 마시며, 팔을 굽혀 베개 삼고 누워도, 즐거움은 또한 그 가운데 있다.
옳지 않으면서 부귀를 누리는 것은 나에게는 뜬구름과 같은 것이다.

飯疏食飲水, 曲肱而枕
之, 樂亦在其中矣. 不
義而富且貴 於我如浮
雲.

飯疏食飲水, 曲肱而枕

之, 樂亦在其中矣. 不

義而富且貴 於我如浮

雲.

發憤忘食, 樂以忘憂, 不知老之將至.

발분망식, 낙이망우, 부지로지장지.

무언가에 빠지면 먹는 것도 잊고, 그것을 즐기느라 근심을 잊어, 늙음이 곧 다가오는 것도 알지 못한다.

發憤忘食, 樂而忘憂,
不知老之將至.

發憤忘食, 樂而忘憂,
不知老之將至.

發憤忘食, 樂而忘憂,

不知老之將至.

發憤忘食, 樂而忘憂,

不知老之將至.

三人行, 必有我師焉. 擇其善者而從之, 其不善者而改之.

삼인행, 필유아사언. 택기선자이종지, 기불선자이개지.

세 사람이 길을 걸어간다면, 그 중에는 반드시 나의 스승이 될 만한 사람이 있다. 그들에게서 좋은 점은 가리어 본받고, 그들의 좋지 않은 점은 나 자신에게서 바로잡으면 된다.

三人行, 必有我師焉.
擇其善者而從之, 其不
善者而改之.

三人行, 必有我師焉.

擇其善者而從之, 其不

善者而改之.

子以四教文, 行, 忠, 信.

자이사교 문, 행, 충, 신.

공자께서는 네 가지를 가르치셨으니 그것은 학문, 실천, 성실, 신의였다.

子以四教　文, 行, 忠
信.

子以四教　文, 行, 忠
信.

子以四教　文, 行, 忠
信.

子以四教　文, 行, 忠
信.

君子坦蕩蕩, 小人長戚戚.

군자탄탕탕, 소인장척척.

군자는 평온하고 너그럽지만, 소인은 늘 근심에 싸여 있다.

오십에 쓰는, 논어 論語

君子坦蕩蕩, 小人長戚
戚.

君子坦蕩蕩, 小人長戚
戚.

君子坦蕩蕩, 小人長戚

戚.

君子坦蕩蕩, 小人長戚

戚.

子溫而厲, 威而不猛, 恭而安.

자온이려, 위이불맹, 공이안.

공자께서는 온화하면서도 엄숙하시고, 위엄이 있으면서도 사납지 않으시며, 공손하면서도 편안하셨다.

子溫而厲, 威而不猛,
恭而安.

子溫而厲, 威而不猛,
恭而安.

子溫而厲, 威而不猛,

恭而安.

子溫而厲, 威而不猛,

恭而安.

興於詩, 立於禮, 成於樂.

흥어시, 입어예, 성어락.

시를 통해 순수한 감성을 불러일으키고, 예의를 통해 도리에 맞게 살아갈 수 있게 되며, 음악을 통해 인격을 완성한다.

興於詩, 立於禮, 成於
樂.

興於詩, 立於禮, 成於
樂.

興於詩, 立於禮, 成於
樂.

興於詩, 立於禮, 成於
樂.

學如不及, 猶恐失之.

학여불급, 유공실지.

배울 때는 능력이 미치지 못할까 안타까워해야 하며, 나아가 그것을 잃어버릴까 두려워해야 한다.

學如不及, 猶恐失之.

學如不及, 猶恐失之.

學如不及, 猶恐失之.

學如不及, 猶恐失之.

學如不及, 猶恐失之.

吾未見好德如好色者也.

오미견호덕여호색자야.

나는 아직 덕(德)을 좋아하기를 아름다운 여인 좋아하듯이 하는 사람을 보지 못했다.

오십에 쓰는, 논어 論語

吾未見好德如好色者也

오미견호덕여호색자야.

後生可畏, 焉知來者之不如今也.

후생가외, 언지래자지불여금야.

후배들이란 두려운 것이니, 그들이 지금의 우리만 못하리란 것을 어찌 알 수 있겠는가?

後生可畏, 焉知來者之
不如今也.

後生可畏, 焉知來者之
不如今也.

後生可畏, 焉知來者之

不如今也.

後生可畏, 焉知來者之

不如今也.

歲寒然後知松柏之後凋也.

세한연후지송백지후조야.

날씨가 추워진 뒤에야 소나무와 잣나무가 뒤늦게 시든다는 것을 알게 된다.
*어려움을 겪고 나서야 그 사람의 의지와 가치를 확인할 수 있다.

歲寒然後知松柏之後凋
也.

歲寒然後知松柏之後凋
也.

歲	寒	然	後	知	松	柏	之	後	凋
也.									
歲	寒	然	後	知	松	柏	之	後	凋
也.									

知者不惑, 仁者不憂, 勇者不懼.

지자불혹, 인자불우, 용자불구.

지혜로운 사람은 미혹되지 않고, 어진 사람은 근심하지 않으며, 용기 있는 사람은 두려워하지 않는다.

知者不惑, 仁者不憂,
勇者不懼.

知者不惑, 仁者不憂,
勇者不懼.

知者不惑, 仁者不憂,

勇者不懼.

知者不惑, 仁者不憂,

勇者不懼.

過猶不及.

과유불급.

지나친 것은 모자란 것과 마찬가지이다.

오십에 쓰는,　논어 論語

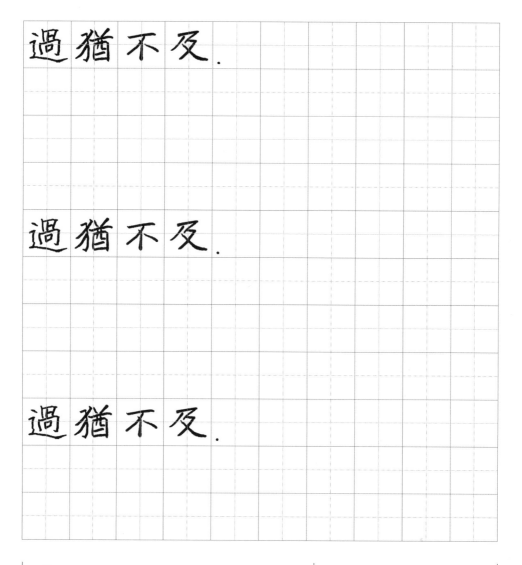

克己復禮爲仁. 一日克己復禮, 天下歸仁焉.

극기복례위인. 일일극기복례, 천하귀인언.

자기를 이겨내고 예(禮)로 돌아가는 것이 인(仁)이다. 하루만이라도 자기를 이겨내고 예로 돌아간다면, 천하가 인에 귀의할 것이다.

克己復禮爲仁. 一日克
己復禮, 天下歸仁焉.

克己復禮爲仁. 一日克
己復禮, 天下歸仁焉.

克己復禮爲仁. 一日克

己復禮, 天下歸仁焉.

克己復禮爲仁. 一日克

己復禮, 天下歸仁焉.

博學於文, 約之以禮.

박학어문, 약지이례.

학문을 널리 배우고, 예로써 자기를 단속하라.

博學於文, 約之以禮.

博學於文, 約之以禮.

博學於文, 約之以禮.

博學於文, 約之以禮.

博學於文, 約之以禮.

박학어문, 약지이례.

苟子不欲, 雖賞不竊.

구자불욕. 수상부절.

당신(임금)이 욕심을 가지지 않으면, 비록 상을 준다 하더라도 백성들은 도둑질을 하지 않을 것이다.

苟子不欲, 雖賞不竊.

苟子不欲, 雖賞不竊.

苟子不欲, 雖賞不竊.

苟子不欲, 雖賞不竊.

苟子不欲, 雖賞不竊.

君子以文會友, 以友輔仁.

군자이문회우, 이우보인.

군자는 학문으로 벗을 모으고, 벗을 통해서 인(仁)의 덕을 수양한다.

君子以文會友, 以友輔
仁.

君子以文會友, 以友輔
仁.

君子以文會友, 以友輔

仁.

君子以文會友, 以友輔

仁.

近者悦, 遠者來

근자열, 원자래.

가까이 있는 사람은 (나로 인해) 기쁘게 하고, 멀리 있는 이는 (내 덕화를 흠모하여 저절로)
찾아오도록 하라.

近者悦, 遠者來.

近者悦, 遠者來.

近者悦, 遠者來.

近者悦, 遠者來.

近者悦, 遠者來.

근자열, 원자래.

欲速不達.

욕속부달.

서둘러 구하면 이르지 못한다.

오십에 쓰는, 논어 論語

君子和而不同, 小人同而不和.

군자화이부동, 소인동이불화.

군자는 사람들과 화합하지만 부화뇌동하지는 않고, 소인은 부화뇌동하지만 사람들과 화합하지는 못한다.

*부화뇌동(附和雷同): 주변의 말이나 여건에 쉽게 동하는 것.

君子和而不同　小人同
而不和.

君子和而不同　小人同
而不和.

君子和而不同　小人同

而不和.

君子和而不同　小人同

而不和.

君子泰而不驕, 小人驕而不泰.

군자태이불교, 소인교이불태.

군자는 (태산과 같이) 크되 교만하지 않고, 소인은 교만할 뿐 크지 않다.

君子泰而不驕　小人驕
而不泰.

君子泰而不驕　小人驕
而不泰.

君子泰而不驕　小人驕

而不泰.

君子泰而不驕　小人驕

而不泰.

志士仁人 無求生以害仁, 有殺身以成仁.

지사인인 무구생이해인, 유살신이성인.

뜻 있는 선비와 어진 사람은 살기 위해 인을 해치지 않으며, 자신의 목숨을 바쳐서 인을 이룬다.

*살신성인(殺身成仁)의 어원

志士仁人　無求生以害仁, 有殺身以成仁.

志士仁人　無求生以害仁, 有殺身以成仁.

志士仁人　無求生以害

仁, 有殺身以成仁.

志士仁人　無求生以害

仁, 有殺身以成仁.

人無遠慮, 必有近憂.

인무원려, 필유근우.

사람이 멀리 내다보며 깊이 생각하지 않으면, 반드시 가까이 근심이 있게 된다.

人無遠慮, 必有近憂.

人無遠慮, 必有近憂.

人無遠慮, 必有近憂.

君子矜而不爭, 群而不黨.

군자긍이부쟁, 군이불당.

군자는 자긍심을 지니지만 다투지 않고, 여럿이 어울리더라도 편당을 가르지 않는다.

君子矜而不爭, 群而不
黨.

君子矜而不爭, 群而不
黨.

君子矜而不爭, 群而不
黨.

君子矜而不爭, 群而不
黨.

己所不欲, 勿施於人

기소불욕, 물시어인.

자기가 원하지 않는 것을 남에게 하지 말라.

오십에 쓰는, 논어 論語

己所不欲, 勿施於人.

己所不欲, 勿施於人.

己所不欲, 勿施於人.

己所不欲, 勿施於人.

己所不欲, 勿施於人.

기소불욕, 물시어인.
자기가 원하지 않는 것을 남에게 하지 말라.

衆惡之 必察焉, 衆好之 必察焉.

중오지 필찰언, 중호지 필찰언.

많은 사람들이 미워한다 해도 반드시 잘 살펴봐야 하며, 많은 사람들이 좋아한다 해도 반드시 잘 살펴봐야 한다.

衆惡之　必察焉,　衆好
之　必察焉.

衆惡之　必察焉,　衆好
之　必察焉.

衆惡之　必察焉,　衆好

之　必察焉.

衆惡之　必察焉,　衆好

之　必察焉.

중오지 필찰언, 중호지 필찰언.

많은 사람들이 미워한다 해도 반드시 잘 살펴봐야 하며, 많은 사람들이 좋아한다 해도 반드시 잘 살펴봐야 한다.

過而不改, 是謂過矣.

과이불개, 시이과지.

잘못이 있어도 고치지 않는 것, 이것이 바로 잘못이다.

오십에 쓰는, 논어 論語

過而不改, 是謂過矣.

過而不改, 是謂過矣.

過而不改, 是謂過矣.

過而不改, 是謂過矣.

過而不改, 是謂過矣.

吾嘗終日不食 終夜不寢, 以思無益, 不如學也.

오상종일불식 종야불침, 이사무익, 불여학야.

나는 일찍이 종일토록 먹지도, 자지도 않으며 사색을 해 보았지만, 유익함은 없었고, 공부하는 것만 못했다.

吾嘗終日不食　終夜不寢，　以思無益，　不如學也．

吾嘗終日不食　終夜不寢，　以思無益，　不如學也．

當仁 不讓於師.

당인 불양어사.

인(仁)을 행할 상황에서는 스승에게도 양보하지 않는다.

오십에 쓰는, 논어 論語

當仁　不讓於師.

當仁　不讓於師.

當仁　不讓於師.

當仁　不讓於師.

當仁　不讓於師.

道不同 不相爲謀.

도부동 불상위모.

추구하는 도(道)가 같지 않으면 함께 일을 꾀하지 않는다.

道不同　不相爲謀.

道不同　不相爲謀.

道不同　不相爲謀.

道不同　不相爲謀.

道不同　不相爲謀.

益者三友, 損者三友. 友直, 友諒, 友多聞, 益矣. 友便辟, 友善柔, 友便佞, 損矣.

익자삼우, 손자삼우. 우직, 우량, 우다문, 익의. 우편벽, 우선유, 우편녕, 손의.

유익한 벗이 셋이 있고, 해로운 벗이 셋이 있다. 정직한 사람을 벗하고, 신의가 있는 사람을 벗하고, 견문이 많은 사람을 벗하면 유익하다. 위선적인 사람을 벗하고, 아첨 잘하는 사람을 벗하고, 말만 잘하는 사람을 벗하면 해롭다.

益者三友, 損者三友.
友直, 友諒, 友多聞,
益矣. 友便辟, 友善柔,
友便佞, 損矣.

益者三友, 損者三友.

友直, 友諒, 友多聞,

益矣. 友便辟, 友善柔,

友便佞, 損矣.

오십에 쓰는, 논어 論語

益者三樂, 損者三樂. 樂節禮樂, 樂道人之善, 樂多賢友, 益矣. 樂驕樂, 樂佚遊, 樂晏樂, 損矣

익자삼요, 손자삼요. 요절예악, 요도인지선, 요다현우, 익의. 요교락, 요일유, 요연락, 손의.

좋아하면 유익한 것이 세 가지가 있고, 좋아하면 해로운 것이 세 가지가 있다. 예악(禮樂)의 절도를 따르길 좋아하고, 남의 좋은 점 말하기를 좋아하고, 현명한 벗을 많이 사귀기를 좋아하면 유익하다. 교만하게 즐기기를 좋아하고, 방탕하게 노는 데 빠지기를 좋아하고, 주색에 싸여 음란하게 놀기를 좋아하면 해롭다.

益者三樂, 損者三樂.
樂節禮樂, 樂道人之善
樂多賢友, 益矣. 樂驕
樂 樂佚遊 樂晏樂
損矣.

益者三樂, 損者三樂.

樂節禮樂, 樂道人之善

樂多賢友, 益矣. 樂驕

樂 樂佚遊 樂晏樂

損矣.

生而知之者上也, 學而知之者 次也, 困而學之 又其次也, 困
而不學民斯爲下矣.

생이지지자 상야, 학이지지자 차야, 곤이학지 우기차야, 곤이불학 민사위하의.

태어나면서부터 아는 사람은 최상이고, 배워서 아는 사람은 그 다음이며, 곤란한 지경에 처
하여 배우는 사람은 또 그 다음이고, 곤란한 지경에 처하여도 배우지 않는 사람은 최하이
다.

生而知之者　上也,　學
而知之者　次也,　困而
學之　又其次也,　困而
不學　民斯爲下矣.

恭寬信敏惠. 恭則不侮, 寬則得衆, 信則人任焉, 敏則有功, 惠則足以使人.

공관신민혜. 공즉불모, 관즉득중, 신즉인임언, 민즉유공, 혜즉족이사인.

(仁은) 공손함, 너그러움, 미더움, 민첩함, 은혜로움이다. 공손하면 업신여김을 받지 않고, 너그러우면 사람들의 지지를 얻으며, 미더우면 사람들이 신임하게 되고, 민첩하면 공이 있게 되고, 은혜로우면 사람들이 협력하게 된다.

恭寬信敏惠. 恭則不侮
寬則得衆, 信則人任焉
敏則有功, 惠則足以使
人.

恭寬信敏惠. 恭則不侮

寬則得衆, 信則人任焉

敏則有功, 惠則足以使

人.

士見危致命, 見得思義.

사견위치명, 견득사의.

선비는 (나라가) 위태로우면 목숨을 바치고, 이득 될 일을 보면 의로운 일인가를 생각한다.

士見危致命, 見得思義.

士見危致命, 見得思義.

士見危致命, 見得思義.

士見危致命, 見得思義.

士見危致命, 見得思義.

博學而篤志, 切問而近思, 仁在其中矣.

박학이독지, 절문이근사, 인재기중의.

배우기를 널리 하고 뜻을 돈독히 하며, 절실한 것을 묻고 가까운 것부터 생각한다면, 인
(仁)은 그 가운데 있다.

博學而篤志, 切問而近,
思　仁在其中矣.

博學而篤志, 切問而近,
思　仁在其中矣.

博學而篤志, 切問而近,

思　仁在其中矣.

博學而篤志, 切問而近,

思　仁在其中矣.

天之厤數在爾躬, 允執其中.

천지력수재이궁, 윤집기중.

하늘의 정해진 뜻이 바로 그대에게 와 있으니, 진실로 중용의 도를 지키도록 하라(요임금
이 순에게 왕위를 넘기며 남긴 말).

天之厤數在爾躬, 允執
其中.

天之厤數在爾躬, 允執
其中.

天之厤數在爾躬, 允執

其中.

天之厤數在爾躬, 允執

其中.

천지력수재이궁, 윤집기중.

君子惠而不費, 勞而不怨, 欲而不貪, 泰而不驕, 威而不猛.

군자혜이불비, 노이불원, 욕이불탐, 태이불교, 위이불맹.

군자는 베풀되 낭비하지 않고, 수고롭게 일 해도 원망 하지 않으며, 의욕은 있으나 욕심 내지 않고, 넉넉하면서도 교만하지 않으며, 위엄이 있으면서도 사납지 않다.

君子惠而不費, 勞而不
怨, 欲而不貪, 泰而不
驕, 威而不猛.

君子惠而不費, 勞而不
怨, 欲而不貪, 泰而不
驕, 威而不猛.

善與人交 久而敬之.

선여인교 구이경지.

사람과 잘 사귄다는 것은 오래될수록 그를 존경하는 것이다.

오십에 쓰는, 논어 論語

善與人交　久而敬之.

善與人交　久而敬之.

善與人交　久而敬之.

善與人交　久而敬之.

善與人交　久而敬之.

以能 問於不能, 以多 問於寡, 有若無, 實若虛, 犯而不交.

이능 문어불능, 이다 문어과, 유약무, 실약허, 범이불교.

유능하면서도 더 못한 사람에게 묻고, 많이 알더라도 잘 알지 못하는 이에게 물으며, 앎이 충실하면서도 겸손하고, 덕이 있으면서도 겸허하며, 남에게 욕을 보아도 따지지 말라.

以能 問於不能, 以多
問於寡, 有若無, 實若
虛, 犯而不交.

以能 問於不能, 以多
問於寡, 有若無, 實若
虛, 犯而不交.

이능 문어불능, 이다 문어과, 유약무, 실약허, 범이불교.

子 在川上曰, 逝者 如斯夫 不舍晝夜.

자 재천상왈, 서자 여사부 불사주야.

(공자님이) 냇가에서 말하길, 지나가는 모든 것은 흐르는 물과 같아서 밤낮없이 멈추지 않는구나.

子 在川上曰, 逝者
如斯夫 不舍晝夜.

子 在川上曰, 逝者
如斯夫 不舍晝夜.

子 在川上曰, 逝者

如斯夫 不舍晝夜.

子 在川上曰, 逝者

如斯夫 不舍晝夜.

문자(文字)란 사상을 담은 그릇이므로
필사는 하나의 인성수양(人性修養)이며
도야(陶冶)라고 할 수 있습니다.

하루 10분, 고전 필사 03
오십에 쓰는 논어論語

초판1쇄 인쇄 2024년 4월 19일
초판1쇄 발행 2024년 5월 01일

지은이 타타오(한치선)
펴낸이 최병윤
펴낸곳 운곡서원
출판등록 2013년 7월 24일 제2022-000213호
주소 서울시 마포구 월드컵로10길 28, 202호
전화 02-334-4045
팩스 02-334-4046

종이 일문지업
인쇄 수이북스

ⓒ한치선
ISBN 979-11-91553-85-7 04150
가격 8,500원